目次

新しい時代ひらく党の力つける年に

2018年党旗びらき　志位和夫委員長のあいさつ

日本共産党の志位和夫委員長が1月4日、党本部で開かれた2018年党旗びらきで行ったあいさつは次の通りです。

お集まりのみなさん、2018年、明けましておめでとうございます（「おめでとうございます」の声）。インターネット中継をご覧の全国のみなさんにも、新春にあたって心からのあいさつを送ります。

逆流をのりこえて、市民と野党の共闘を前進させ、新たな信頼と共感を広げた

昨年、2017年の特徴を一言でいうならば、世界でも日本でも、新しい時代につなが

る大変動が起こった年ということが言えると思います。

あいさつする志位和夫委員長
＝2018年１月４日、党本部

日本共産党が共闘の推進力という評価が――「新春対談」から

日本では、10月22日に行われた総選挙で、市民と野党の共闘――統一戦線が、突然引き起こされた逆流をのりこえて、重要な前進を記録しました。

わが党自身は、総選挙で議席を減らす結果となり、共闘を前進させながらいかにして日本共産党の躍進をかちとるかは、今後の私たちの大きな挑戦課題であります。同時に、市民と野党の共闘に、ブレずに、誠実に、献身的に取り組むことをつうじて、私たちが獲得した財産は、きわめて大きなものがあると実感します。

私は、この間、「しんぶん赤旗」の日曜版と日刊紙で、「新春対談」を行う機会がありましたが、対談相手から共通して語られたのは、民進党の希望の党への突然の「合流」という共闘破壊の逆流が起こった時に、わが党が断固として共闘の旗を掲げ続けるとともに、共闘勢力の一本化のために大局に立って行動したことへの評価でした。

同志社大学大学院教授の浜矩子《のりこ》さんには、次のような評価をいただきました。

「市民の目から見ると、あのときの共産党の対応が本当にありがたかった。自分のところはさておき、市民連合が『闇の軍団』＝安倍自公政権と対峙《たいじ》することに全精力をあげてくれたことはとてもよかったです」「この間の展開は〝状況は変わるんだ〟ということをはっきりしめしています。……状況は変えられる。奇跡は起こる。その一端を目の当《ま》たりにしているといっても過言ではないと思うんです。……奇跡を担われている（共産党の）みなさんは、あらゆる場面でたくさんの奇跡を起こしていただきたい」

神戸女学院大学教授の石川康宏さんからは、次のような評価をいただきました。

「日ごろ、共産党のことをあまり褒《ほ》めることのない僕のまわりの学者たちも、『よくやった』『あれがないと共闘はもたなかった』と言葉をかけてきました。共産党が狭く自分の議席だけを考えるのではなく、社会全体を前に進めるという大局の利益を優先したことが、多くの人の共感をよぶ選挙になったと思います」「共闘のなかで、共産党が他者からリスペクト（尊敬）される存在となり、（共闘を）発展させる上で中心的な役割を果たしているということを、市民運動が認めている……。共産党に対する市民の信頼がここまで深まってきたというのも、いまの市民と野党の共闘の歴史的な到達点として大事なところじゃないかと思います」

どちらもたいへんにうれしい評価です。これまでわが党と距離を置いてきた人々――石川さんの言葉を借りれば「日ごろ、共産党のことをあまり褒めることのない」人々も含めて、広範な知識人、文化人、市民運動に携わる人々が、今回、日本共産党がとった決断と行動に対して、温かい評価を寄せてくれています。

２０１６年の参院選、17年の総選挙を通じて、市民と野党の共闘が、日本の政治を動かす力として日本社会のなかでたしかな市民権を獲得するとともに、私たち日本共産党がこの事業の推進力だという認識が、広範な民主的市民勢力の間に定着したことは、本当に大きな意義がある出来事と言ってよいのではないでしょうか。（拍手）

定数２の市議補選の連続勝利――わが党への潜在的共感の広がり示す

総選挙後、中間地方選挙で、日本共産党の新しい前進の流れが生まれていることも重要であります。

（２０１７年）12月17日に投開票された埼玉県・上尾《あげお》市の定数２の市議補欠選挙で、わが党候補は、衆院比例票の１・９倍の得票を得て、トップ当選をかちとりました。翌週、12月24日に投開票された東京都・東久留米《ひがしくるめ》市の定数２の市議補欠選挙でも、わが党候補は、衆院比例票の１・８倍の得票を得て、勝利をかちとりました。

共通する特徴は、それぞれ市議補選とともに、市長選挙を本気でとる構えでたたかい、市民との共同のたたかいが広がったことにありました。総選挙と、それに続く市政刷新をめざす共同の取り組みなどを通じて、日本共産党に対する見方が大きく変化し、定数２の補欠選挙での連続勝利につながりました。これらの結果は、総選挙後のわが党に対する潜在的な共感の広がりを示すものとして、たいへんに重要であります。

全国のみなさん。逆流をのりこえて、市民と野党の共闘を前進させ、広範な市民・国民の新たな信頼と共感を広げた――ここにこそ、昨年、全党の奮闘によって私たちが獲得した最大の財産があります。ここに確信をもって今年のたたかいにのぞもうではありませんか。（拍手）

19年参院選の共闘にむけ、政策対話と候補者調整のための協議開始をよびかける

市民と野党の共闘は、その力が2年半の実践で証明されたとはいえ、まだ初歩的段階であり、前途には多くの困難も予想されます。わが党は、来年7月の参議院選挙に向け、これを本格的共闘に発展させるために力をつくします。

まず何よりも、憲法9条改定反対をはじめとする7項目の野党の共通公約を実行する共同のたたかいを発展させるために、市民連合と協力して全力をあげます。共闘を発展させる原動力は国民のたたかいにあります。たたかいの発展のなかでこそ、共闘をさらに発展させる展望が開けてきます。このことを銘記して力をつくそうではありませんか。

来年の参議院選挙では、全国32の1人区のすべてでの市民と野党の共闘の実現と、その勝利をめざします。そのために、これまで連携・協力して国政選挙をたたかってきた立憲民主党、社民党、自由党、民進党の各党に対して、すみやかに真剣な政策対話と候補者調整のための協議を開始することをよびかけます。

これまでの2度の国政選挙――2016年参院選、17年総選挙では、わが党は、共闘体制構築のために、一部をのぞいて、候補者を一方的に降ろすという対応を行い、それは適切な対応だったと確信しています。同時に、本来、選挙協力はお互いに譲り合い、リスペクトの精神をもって相互に支援しあい、参加するすべての政党が前進するような協力を行ってこそ、本当の力を発揮することができるし、長続きし、発展することができます。そのことを踏まえ、わが党は昨年12月の第3回中央委員会総会決定で、「次の参院選では、過去2回のような一方的な対応は行いません。あくまで相互推薦・相互支援の共闘をめざします」と確認しました。党大会につぐ意思決定機関でのこの確認は、私たちにとって重い確認であります。共闘相手の政党にも、ぜひこの点をのりこえていただくことを、私は希望するものです。

来年改選をむかえる2013年の参院選では、全国の1人区のほとんどで自民党が議席を得ています。逆に言いますと、本格的な野党共闘が実現するならば、多くの選挙区で与野党逆転をかちとり、自公とその補完勢力を大敗させることは十分に可能であります。そのために野党が結集・結束することを心からよびかけます。（拍手）

日本共産党の新たな躍進へ――「比例を軸に」、「全国は一つ」でがんばりぬこう

参議院選挙では、日本共産党の新たな躍進をかちとるために全力をあげます。「比例を

軸に」を貫き、比例代表で「850万票、15%以上」、7議席獲得を目標にたたかいます。すでに発表した第1次比例予定候補7氏は、人格、識見、論戦力抜群、魅力あふれるベストチームであります。7人全員当選のために、「全国は一つ」でがんばりぬこうではありませんか。（拍手）

選挙区選挙では、現有3議席――東京、京都、大阪を絶対に守りぬき、議席増をめざしてたたかいます。原則として、全国すべての選挙区で予定候補者をすみやかに擁立し、勝利をめざすたたかいをスタートさせます。

日本共産党が、比例代表でも、選挙区でも、わが党ならではの政策と魅力を大いに語り、新たな躍進の勢いをつくりだしてこそ、市民と野党の共闘の新たな発展の道が開かれます。全国のみなさん。このことを胸に刻んで、力いっぱい今年をたたかおうではありませんか。（拍手）

世界の大変動――核兵器禁止条約とトランプ米政権

核兵器禁止条約――国際社会の「踏み切り」と、「市民社会」の役割の飛躍的拡大

ここで世界に目を向けますと、昨年の最大の歴史的・画期的な出来事は、国連での核兵

器禁止条約の採択でありました。

何よりもこの条約は、世界の英知を結集し、国際社会が新たな「踏み切り」を行ったものにほかなりません。この間、広島・長崎の被爆者の告発、一連の国際会議などをつうじて、核兵器の非人道性に対する理解が、国際社会の共通認識となりました。ところが、核保有大国は、「自国の核兵器の完全廃絶」という国際社会への誓約を投げ捨て、核軍備を近代化・強化するという態度をとっています。それならば、まず賛成する諸国によって核兵器を法的に「禁止」、すなわち違法化し、それをテコに「廃絶」に進もう――そうした新たな「踏み切り」を行ったのが核兵器禁止条約であり、そこには世界の英知が働いていることを強く感じます。

そして、日本政府がこの歴史的条約に背を向けるもとで、日本共産党が、日本被団協（日本原水爆被害者団体協議会）や日本原水協（原水爆禁止日本協議会）とともに、国連会議に公式に参加し、この新たな突破点をしっかりとつかんで条約採択にむけて働きかけたことは、「核兵器のない世界」にむけての貢献になったと考えるものであります。

私たちが、国連会議に参加してのいま一つの強い実感は、国際政治の「主役」が一部の大国から、多数の国ぐにの政府と「市民社会」に交代したということです。とくに、禁止条約が成立し、各国の署名と批准、発効へと向かおうとしているいま、「市民社会」の役割は、飛躍的に大きくなろうとしています。

そのことを象徴的に示したのが、昨年10月のＩＣＡＮ（核兵器廃絶国際キャンペーン）のノーベル平和賞受賞でした。これは、核兵器の非人道性を身をもって世界に訴え続けてきた広島・長崎の被爆者をはじめ、核兵器の禁止・廃絶のために草の根で献身的な努力をしてきた世界のすべての人々――「市民社会」の全体に贈られたものと言っていいと思います。

さらに、昨年11月には、ローマ法王庁の主催で、「核なき世界」への道筋を議論する国際シンポジウムが開かれ、長崎の被爆者・和田征子《まさこ》さんが招待され、その発言には全員総立ちの熱烈な拍手がおくられました。フランシスコ法王は、核兵器禁止条約を高く評価し、バチカンは率先して条約に署名・批准しました。世界には12億人にのぼるカトリック信者がいると言われますが、バチカンと世界の「市民運動」が核兵器禁止条約で連携することは、国際政治に大きな影響を与えることになるでしょう。

国際政治を動かすのは、世界の一人ひとりの市民――民衆であることが、国際社会の公認の事実となりました。この数年来、日本では、一人ひとりの市民が、主権者として自覚的に声をあげ立ち上がる、戦後かつてない市民運動がわき起こり、その力が市民と野党の共闘を生み出しましたが、同じようなプロセスが世界でも起こっているのです。

全国のみなさん。このことに深い確信をもち、今年が「核兵器のない世界」にむけてさらに前進する年となるように、お互いに力をつくそうではありませんか。（拍手）

トランプ政権――「米国主導の国際秩序」に対する「責任」を自ら放棄

昨年、世界で起こったもう一つの大変動は、トランプ米大統領の登場でした。トランプ大統領の行動の特徴を一言でいえば、「米国主導の国際秩序」に対する「責任」を、自ら放棄したというところにあります。

第2次世界大戦後、アメリカは、政治・軍事・経済などあらゆる面で、「米国主導の国際秩序」をつくってきました。それは覇権主義的な世界支配を目的にしたものでしたが、ともかくも米国は彼らなりの「国際秩序」を主導してきたのです。

トランプ大統領が「アメリカ・ファースト」のスローガンのもとで投げ捨てつつあるのは、こうした「米国主導の国際秩序」に対する「責任」そのものです。トランプ政権は、国連で核兵器禁止条約が採択され、世界が核廃絶へと大きく動きだしたその時に、この動きを激しく妨害し、オバマ政権時代にはともかくも掲げた「核兵器のない世界」という目標を放棄し、核戦力の強化を公言しています。地球温暖化防止のパリ協定からの離脱を表明し、歴史上、初めて国連加盟国のすべての国が参加するこの合意から、ただ一国、アメリカだけが脱落するという事態になりました。エルサレムをイスラエルの首都と認定すると宣言したことは、世界中の非難をよびおこし、国連総会は、この認定の撤回を求める決議を圧倒的多数で可決しました。こうしてトランプ大統領のもとで、アメリカはいま、第2次世界大戦以降、かつてない国際的地位の低下と孤立に直面しています。

世界はいま、核兵器禁止条約に象徴されるように「大国中心」の世界が過去のものになっただけではなく、トランプ大統領のもとで「米国主導の国際秩序」が壊れつつあるという、二重の大変動の最中にあるのであります。

安倍政権――世界でも異常な「トランプ・ファースト」の従属外交でいいのか

そのときに、異常な「トランプ・ファースト」で際立っているのが、安倍首相であります。彼は、昨年12月の講演で、トランプ大統領との「ゴルフ外交」の意義を延々と語ったあと、「半世紀を超える日米同盟の歴史において、首脳同士がここまで濃密に深い絆で結ばれたことはない」と自画自賛しました。たしかに2人の関係は、世界でもとびぬけて「濃密」なものです。しかしそれは決して自慢できるようなものではありません。

ともに核兵器禁止条約を妨害し、ともに石炭火力発電所を推進してＮＧＯから「化石賞」を受賞し、安倍首相は、エルサレム首都認定問題でも一言も批判をしようとしません。北朝鮮問題では、「すべての選択肢はテーブルの上にあるというトランプ大統領の方針を強く支持する」と繰り返し、米国の先制攻撃に白紙委任を与え、この機に乗じて安保法制＝戦争法を発動し、トランプ大統領に言われるままに高額の米国製武器を購入し、大軍拡の道をひた走っています。

トランプ大統領のやることには、それがどんなに無法なものであっても、無理無体なものであっても、決して批判をしない。これが安倍首相の「大方針」ですが、こんな首脳は世界に二人といません。世界の多くの首脳は、米国の同盟国の首脳も含めて、「トランプ大統領は危うい」「付き合うにしても距離を置き、言うべきことは言う」という当たり前の姿勢をとっています。そのときに世界でも異常な「トランプ・ファースト」の従属外交を続けていいのかが、安倍首相に厳しく問われています。

トランプ大統領の登場のもとで、異常な対米従属外交をあらためることは、日本外交にとっていよいよ急務となっているということを、激動の年の年頭にあたって、私は強く訴えたいと思います。（拍手）

2018年をどうたたかうか――三つの点について

今年2018年をどうたたかうか。

3中総決定で確認したように、「2019年の参議院選挙、統一地方選挙で新たな躍進をかちとるために、2018年を、党と国民との結びつきを豊かに広げ、党大会決定にもとづく法則的活動を実践し、腰をすえて党の力をつける年にしていく」ために、知恵と力をつくしたいと思います。

その方針は、3中総決定で全面的に明らかにされています。私は、それを前提として、三つの点について訴えたいと思います。

憲法と沖縄――絶対に負けられない二つのたたかい

第一は、安倍政権と対決する国民のたたかいを発展させる先頭に立つことであります。

3中総決定は、当面のたたかいの課題として、国政私物化疑惑、憲法問題、暮らしと経済、原発問題、沖縄米軍基地問題、核兵器禁止条約について提起しています。その全体に大いに取り組みたいと思いますが、その中でも「絶対に負けられない二つのたたかい」について、今日は訴えたいと思います。

一つは、安倍政権による憲法9条改定を許さないたたかいであります。

安倍首相は、昨年12月の講演で、「2020年、日本が大きく生まれ変わる年にするきっかけとしたい。憲法について議論を深め、国の形、あり方を大いに論じるべきだ」とのべ、事実上、期限を区切って9条改憲推進に執念を燃やす発言を行いました。「できれば今年の通常国会で、遅くとも臨時国会で改憲の発議を行いたい」というのが、安倍政権が狙うスケジュールであります。

ですから今年前半のたたかいがきわめて重要となります。前半が大きな勝負どころになります。「安倍9条改憲NO！　全国市民アクション」がよびかけた「3000万署名」を集めきり、9条改憲の国会発議を絶対に許さない揺るぎない国民的多数派をつくるために全力をあげようではありませんか。

それをやり抜く条件はどうか。私は、政治的立場の違いを超えた、政治的一大共同をつくる条件は、大いにあると思います。たとえば宗教界の変化であります。この間、「生長の家」は、「自民党の9条改憲案の『自衛隊の明記』は、……日本国憲法の平和主義や基本的人権の保障を脅かす危険性がある」として、それに強く反対する文書を発表しています。真宗大谷派（東本願寺）は、９条改悪に対して、「『不戦決議』『非戦決議』を採択した宗門として断固反対していきたい」と表明しました。日本カトリック司教協議会、プロテスタント最大の日本基督教団も、そろって安倍首相の９条改憲案に強く反対しています。

全国のみなさん。今年は、憲法をめぐって文字通り〝決戦の年〟になります。日本の命運を左右するこの歴史的闘争で、必ず勝利することを、年頭にあたって全党の共通の決意にしようではありませんか。（拍手）

いま一つは、沖縄の政治戦――２月の名護市長選挙、８月の沖縄県統一地方選挙、11月の県知事選挙で必ず勝利をかちとることであります。

ここで重要なことは、新基地建設反対を貫く名護市長と県知事がいるかぎり、辺野古《へのこ》新基地は絶対につくることはできないということです。基地をつくろうとすれば、美謝川《みじゃがわ》の水路切り替えが必要になりますし、軟弱地盤や活断層が存在している可能性が指摘されるもと、重大な設計変更が余儀なくされます。県知事や名護市長の許可がなければ工事を進めることはできません。だからこそ、それを知っているからこそ、政府・与党は、総力をあげて県知事と名護市長を奪還しようとしているのです。

沖縄のたたかいも、絶対に負けられないたたかいであります。まずは大激戦となっている２月の名護市長選挙で、稲嶺《いなみね》ススム市長の勝利をかちとるために、「オール沖縄」の共同を広げるとともに、全国のあらゆる力を総結集することを強くよびかけるものでありま

す。（拍手）

日本列島のすみずみで「集い」を開き、積極的支持者を広げに広げよう

第二は、日本共産党の綱領、理念、歴史を丸ごと理解してもらい、積極的支持者を増やす日常的活動に思い切って取り組むことであります。

3中総決定をうけて、「綱領を語り、日本の未来を語り合う集い」の開催が、全国に広がりつつあります。12月は、1200を超える支部が「集い」を開き、参加者数は1万5千人となりました。

大平喜信《よしのぶ》前衆議院議員は、総選挙後29カ所の「集い」に参加して党を語っています。初めはとにかく悔しい思いが出され、「悲しくてやりきれない」という歌を歌いだした人もいたとのことです。しかし、「集い」を通じて、党内外が明るく元気になり、笑い声が絶えない「集い」となり、「集い」を通じて5人が入党しました。大平さんからは、「『ここに来てください』ではなく、『3人集えばどこにでも駆けつけます』というメッセージを発信しました。支部の自発性を大切にした取り組みが大切だと思います。『気軽に』『双方向で』『繰り返し』というのが、何といってもいい。そういう『集い』こそ成功します」との報告が寄せられています。

綱領は、それ自体が、党を丸ごと伝える最良の文書であります。ある著名な放送ジャーナリストが書いた「日本共産党の綱領全文を読んでみたら進化に驚いた」と題するブロ

グが評判になっています。この方は、ブログの冒頭で、「僕は昔から共産党が大嫌いでした」とのべ、こう続けています。

「でもそれだけでは好き嫌いのイメージの問題であって、論理的な説得力には欠けるので、僕はきちんと日本共産党を否定できる根拠を挙げたうえで批判しようと思いました。僕の記憶によると日本共産党の綱領にはたしか次のような目標が掲げられていて、それ故に日本共産党ではダメなのだ、と述べようと考えました。

・マルクス・レーニン主義による社会主義国家建設のため武力革命を目指す。
・天皇制の全面否定と廃止を目指す。
・自衛隊の全面否定と廃止を目指す。

このようなとんでもない綱領を掲げている共産党は、いくら政策で良いことを言っていても、断じて許容できないと書くつもりでした。しかし念のため現在の日本共産党の綱領を確認しようとよく読んでみると、これらは全部否定され、驚くほど穏健で現実的なものに進化していることに気がついたのです」

この方は、綱領を詳しく引用して、それぞれについて解説した後、出した結論は、「今の安倍独裁政権よりは、はるかにマシなので、脱安倍独裁のための一票を、安心して投ずることができます」というものでした。この方の旧綱領についての「記憶」には誤解もあったようですが、現綱領への評価はたいへんうれしいことであります。

綱領の力に自信と確信をもって、日本列島のすみずみで、「綱領を語り、日本の未来を語り合う集い」を、「気軽に」「双方向で」「繰り返し」開き、どんな情勢のもとでも、「共産党だから支持する」という積極的支持者を広げに広げようではありませんか。（拍手）

2018年を、党勢拡大で後退から前進に転じる歴史的な年に

第三は、今年を、何としても、党員拡大を根幹とする党勢拡大で後退から前進に転じる歴史的な年にしていくということであります。

3中総決定は、参院選1年前の7月末までに、党員、「しんぶん赤旗」日刊紙読者、日曜版読者で、前回参院選時を回復・突破するという目標を決めましたが、まずこの目標を掛け値なしにやりとげようではありませんか。

昨年12月は、全党の最後までの奮闘で、日刊紙読者を全国的に増勢に転ずることができました（拍手）。貴重な一歩前進であり、全党のみなさんの奮闘に心からの敬意と感謝を申し上げるものです。新しく読者になった方は、この間の市民と野党の共闘で果たした日本共産党の役割を見て、「どんな党なのかもっと知りたくなった」という方がたいへんに多いのが特徴です。いま党を強く大きくする条件は大いにあります。そのことは12月の取り組みでも実感したことであります。

そのうえで訴えます。年頭にあたって、いま党の自力をつけることの死活的な意義を、あらためて全党の共通の認識とし、決意としたいと思います。綱領と大会決定にもとづいてわが党が果たしている政治的役割は非常に大きいし、大きな成果もあげています。多く

の人々から強い期待、新しい信頼が寄せられています。ところが、それに対してわが党の自力は追いついていません。全党のみなさんの大きな努力がありますが、追いついていません。そこには大きなギャップがあります。近い将来を展望しても、このギャップの打開は、わが党にとって文字通り死活的な課題であります。いまここでその打開をはかることができなければ、中央も含む党機関も全国の党組織も維持・発展できなくなり、党が果たすべき役割が果たせなくなる事態になりかねません。このことは全党のみなさんが痛いほど感じておられることだと思います。

それではどうするか。私たちが3中総で出した結論は、「党大会決定をしっかり握り、決定にしがみついて実践しよう」ということでした。第27回党大会決定が明らかにした党建設の方針――「楽しく元気の出る支部会議」「地区委員会活動の強化」「世代的継承の方針」などは、全党のすぐれた経験と教訓に学び、全党の英知を総結集してつくった法則的な方針であります。大会決定で党をつくる。活路はここにこそあります。

党大会から1年間の取り組みを振り返りますと、昨年前半は、私たちは党勢拡大と都議選勝利という二大課題に取り組み、全党の力を都議選に集中し、重要な躍進をかちとりましたが、大会決定を本格的に実践して党勢拡大に実らせるには至りませんでした。昨年後半は、突然の解散・総選挙となり果敢にたたかいましたが、党づくりの活動は中断を余儀なくされました。私たちは、党大会決定という党づくりの法則的方針を手にしていますが、まだこれを本格実践するには至っていないのであります。

今年こそ、それをやろうではありませんか。全国的な選挙が想定されない今年こそ、党大会決定の全面実践によって、何としても党員拡大を根幹とする党勢拡大をたしかな前進の軌道に乗せようではありませんか。「支部が主役」の取り組みを、月ごとに着実に広げ、7月末までに前回参院選時の回復・突破という目標をやりきり、さらに党勢の高揚のなかで、来年の二つの全国的政治戦で、どんな情勢になろうとも、新たな躍進をかちとろうではありませんか。全国のみなさん。何としても今年はこの事業をやりとげる――そのことを年頭にあたっての全党の固い決意にしようではありませんか。（拍手）

今年283自治体で予定されている中間地方選挙の一つひとつで着実に勝利し、議席でも得票でも躍進の流れをつくりだすことは、今年の重要な課題であります。また、遅くとも3月までには統一地方選挙の予定候補者を決定し、勝利のための取り組みをスタートさせようではありませんか。

全国のみなさん。今年2018年を、党勢拡大と中間地方選挙の双方で、日本共産党の政治的・組織的な上げ潮を、月ごとにつくりだし、来年の統一地方選挙と参議院選挙での新たな躍進を準備する歴史的な年とするために大奮闘する決意を固めあって、そしてこの1月からその仕事を力強くスタートさせることを固く誓いあって、年頭のあいさつといたします。ともにがんばりましょう。（大きな拍手）

（「しんぶん赤旗」2018年1月5日付）

新春 痛 快 対談

市民が社会動かす時代

日本共産党委員長
志位 和夫さん

×

同志社大学大学院教授
浜　矩子さん

安倍政権への歯に衣《きぬ》着せぬ批評が評判の浜矩子さん（同志社大学大学院教授）と日本共産党の志位和夫委員長の2018年新春対談。総選挙結果と市民と野党の共闘、安倍晋三首相の政策批判から未来社会論まで大いに語り合いました。

志位　あけまして、おめでとうございます。

浜　おめでとうございます。

志位　浜さんには、昨年の都議選、総選挙で何度も激励のメッセージをいただき、心から感謝を申し上げます。

しい・かずお　1990年に書記局長、93年衆院選で初当選（衆院議員９期目）、2000年から幹部会委員長。著書に『戦争か平和か　歴史の岐路と日本共産党』、『綱領教室』全３巻（いずれも新日本出版社）など

浜　総選挙では安倍政権を追い込みましたね。多くのメディアは「自公勢力の圧勝・大勝」と報じましたが、不正確です。選挙前と比べ、わずかながら自公勢力は小さくなりました。安倍さんにとっては大誤算でした。「市民と立憲野党の共闘」から、立憲民主党が生まれたことも貴重です。彼らが野党第1党になり空気が変わりました。共産党の尽力で共闘体制ができたおかげです。

「グリーンモンスター」（小池百合子・希望の党前代表）が墓穴を掘ったこともあり、意外と楽しい選挙でした。（笑い）

志位　私もだいたい同じような見方です（笑い）。まず自公の「３分の２」は、いろんな仕掛けがあって、かろうじて拾ったものです。とくに小選挙区制です。自民党の比例代表での得票率は33%なのに61%の議席を得た。これは「虚構の多数」ですね。そして何と言っても希望の党の出現で野党共闘が分断されたことが、安倍さんの最大の「援軍」になった。安倍さんは小池百合子さんに足を向けて寝られないでしょう。（笑い）

共産党が議席を減らしたのは大変残念です。私たちの力不足です。次は力をつけて絶対に勝とうと決意しています。

市民と野党の共闘では共産、立憲、社民の3野党と市民連合が政策合意を結んでたたかい、3野党全体では38議席から69議席に増えました。次につながる大事な成果を得たと思います。

浜　おっしゃる通りですね。共産党が議席を失われたのは痛恨でしょうし、その巻き返しは当然だと思います。ただ市民の目から見ると、あのときの共産党の対応が本当にありがたかった。自分のところはさておき、市民連合が「闇の軍団」＝安倍自公政権と対峙《たいじ》することに全精力をあげてくれたことは

はま・のりこ　エコノミスト。三菱総合研究所初代英国駐在員事務所所長、同社政策・経済研究センター主席研究員などを経て2002年から現職。近著に『世界経済の「大激転」 混迷の時代をどう生き抜くか』（PHPビジネス新書）、『どアホノミクスの断末魔』（角川新書）など

とてもよかったです。

志位　そう評価していただきますと心強い限りで、感謝いたします。

「闇の軍団」の国会乗っ取り止めたことは共闘の成果

総選挙　共産党の貢献

志位　今度の総選挙は、市民と野党の共闘が崩壊の危機にひんするという波乱にとんだ展開となりました。私たちの対応としては二つの点が大事だったと思っています。

第一は、解散の日（2017年9月28日）に、希望の党に民進党が丸ごと合流するという動きになったその日に、私たちが二つのメッセージを発信したということです。

一つは「逆流と断固たたかう」ということです。希望の党は「自民党の補完勢力」だと批判し、〝民進党候補が希望に行った場合は、共産党は候補者を立てる〟と宣言しました。もう一つは「共闘を絶対にあきらめない」ことです。〝共闘の立場に立つ方々とはしっかり連携する〟と表明しました。

このメッセージは、全国の市民連合のみなさんとも響き合い、〝希望の党に行っても希望はない〟（笑い）と民進党候補への説得が行われました。共闘の立場に立つ流れがうまれ、立憲民主党が結党されました。

第二は、共闘を再構築する過程で、私たちが安倍政権の暴走政治を許さないという大局に立って、67の小選挙区で候補者を降ろし共闘体制をつくる決断をしたことです。逆流を乗り越え共闘を前に進める貢献となったと思います。

浜　市民の目から見るともう絶対に巻き戻されたくない。この流れを崩さないように、共産党が〝おとな〟の大局観と視線をもってうまく運んでいってくれることをすごく期待しています。

立憲民主党は内部でもいろんなことがありながら、薄氷《はくひょう》を踏むように歩んでいる感じがします。そこをうまく〝おとな〟が手引きをしてくれるという構図があるというのは安心感がありますね。

志位　あのときの対応は、日本政治の歴史的な分かれ道での、大局に立った決断でした。もし野党共闘つぶしが成功していれば、自公と希望の保守二大改憲推進勢力＝「闇の軍団」で国会が乗っ取られてしまった。それを断固阻止するくさびをガンと打ち込んだ。これは、次につながる結果だと思います。

安倍流「働き方改革」は19世紀以前への時代逆行

おぞましい雇用大改悪

浜　次につなげるという点では、今度の通常国会で、おぞましい安倍流「働き方改革」が議論されていくことになります。どうつぶし、押し戻すのか。これから本当のたたかいになっていきます。

志位　そうですね。「働き方改革」といいますが、財界にとって都合のいい働かせ方を強要する――「働かせ方大改悪」が正体ですね。いくら働いても残業代を払わない「残業代ゼロ」法案をまた持ち出そうとしています。残業時間の上限規制を行うと言いながら、過労死ラインの月80時間～100時間という残業も合法化しようとしている。「同一労働同一賃金」と言いますが、実際に出そうとしている法案では、企業が能力や貢献度を判断して、「違いに応じた支給」を容認する方向であり、格差固定化を容認するものとなっています。

浜　まったくそうです。安倍政権の「働き方改革実行計画」には〝同一労働同一賃金も長時間労働の是正も「労働生産性の向上」のためにやる〟ということが明確に書いてあります。労働者の権利を実現するという視点はみじんもありません。

志位　とくに「残業代ゼロ制度」―「高度プロフェッショナル制度」は、労働時間規制の概念そのものを外してしまうもので、異次元の雇用ルールの破壊です。

浜　猛烈な時代逆行です。19世紀以前の働き方を「働き方改革」と称して実現しようとしています。

「残業代ゼロ制度」を正当化しようと彼らは〝時間で制約をかけることは、労働者の能力を開花させることをじゃましている〟という論理を持ち出していますね。これは19世紀にだされたマルクスの『資本論』で書かれている資本家の論理――〝彼らの働く自由を奪ってはならない〟と同じです。こんな論理を21世紀に平気で持ち出してくることに、がく然とします。

志位　おっしゃるように猛烈な時代逆行です。労働時間規制は19世紀のイギリスの工場法の10時間労働制から始まった。それが8時間労働制となり、労働者の権利を守る一番の要になってきました。資本家たちは労働時間規制に反対したけれど、導入してみたらイギリス資本主義に空前の繁栄の時代が訪れた。労働時間の短縮で労働者階級が健康を取り戻し元気になったからです。それが土台となり、空前の繁栄となったのです。逆にいえば、労働者の権利を切り縮めるようなことをやれば、資本主義社会そのものが成り立たなくなります。

浜　間違いなくそうですね。経団連と安倍政権は歴史から何も学んでいない気がします。「異次元金融緩和」とかお金の世界で悪さをしているだけでなく、今度は「人づくり革命」と称して人間にまで手をつけようとしている。「人づくり革命」と「生産性革命」を車の両輪にして、〝一億総お国のための活躍社会〟をつくろうとしている。許しがたく、絶対に押し戻していかなければと思います。

「規制緩和」で企業劣化

志位　企業の不祥事が続き、ついに経団連会長の出身企業・東レにまで品質管理の不正が起きました。なぜこうも不祥事が続くのか。その根本を考えると労働の「規制緩和」があります。いま働く人の3人に1人が非正規雇用で、女性と若者では2人に1人です。派遣や期間社員などの使い捨て労働が大企業の中枢でも横行しています。働く人を粗末にしたことが巡り巡って企業の首を絞め、劣化につながっているのです。

浜　その通りです。その流れに拍車をかけたのが、安倍政権の「稼ぐ力を取り戻す」という言い方です。労働者使い捨て型の経営を強化し、効率も生産性も上げ、安上がりに成果を出す方向に「企業統治」を構築せよ、と企業を追い立てています。そのなかで不正が起きています。「企業統治」とは本来は、企業が稼ぐことばかり考え、社会的な責任を忘れてはいけないという考えです。

志位　私は、「稼ぐ力」は、大企業は十分すぎるほどあると。(笑い)

浜　そうです。あんなに内部留保を。稼ぎまくって。(笑い)

政権がもたらす呼吸困難で日本経済は窒息死に陥る

志位　大企業の内部留保は400兆円を超えました。上場企業のトップ100社の有価証券報告書を調べてみますと、この4年間で利益を11兆円も増やしている。その配分について分析すると、50%が内部留保の積み増しに回り、44%が株主に回っていて、労働者にはたったの3%です。いくら「稼ぐ力」があっても労働者のところに回らない。長時間労働や不安定雇用で労働市場を荒廃させてしまったからです。

この巨額の内部留保をいかにして暮らしと経済に還元させるか。私たちは人間らしく働けるルールをつくるべきだと主張しています。残業時間に「週15時間、月45時間」といったきちんとした法的規制をかけ、非正規社員を正社員にする規制強化をはかり、大企業と中小企業の対等な取引ルールをつくっていく。そのことで、大企業に滞留している内部留保400兆円を働く人や中小企業に回るようにしていく。内需・消費が活発になり、経済の好循環が起こると思うんです。

浜　いまの日本の状況をみると、私はこのままであれば、まさにおっしゃったようなメカニズムで、企業は本当は回すべきカネをため込むということをやり、稼ぐばかりで還元しない。政策がもたらす呼吸困難によって日本経済が窒息死に至る。そのプロセスに入っている気がしています。

株式市場をみれば、日本銀行が大多数の大企業の安定大株主になっている。日銀が許容する範囲でしか株価が動かない。こんなものは株式市場とは言いません。お金がまわる市場を、中央銀行の公的な介入で死に至らしめるのは、統制経済につながるファシズム体制です。資本主義としても民主主義としても許されません。まともに機能しない経済活動のしわ寄せは人びとの生活にきます。

志位　GPIF（年金積立金管理運用独立行政法人）と日本銀行のカネで株を買い支えて、主要な大企業の筆頭株主が日銀になっている。これは資本主義のメカニズムとしても…。

浜　絶対にありえないです。

志位　上場企業の大株主500人の保有株式時価総額をみると、この5年間で、9・9

兆円から26・3兆円に2・7倍にもなっている。公的なカネで株価をつり上げ、富裕層はもうかったけど、庶民には何一ついいことはありません。

経団連の榊原定征《さだゆき》会長は、総選挙が終わった翌日、〝自民党は安定多数をとったんだから国民に痛みを伴う改革をやれ〟と、「社会保障改革」と「消費税増税」の号令をかけました。国民に対しては医療も介護も生活保護もすべて削って激痛を強《し》いながら、自分たちはぬくぬくとお金をため込み、次から次へと不祥事を起こす。「痛みを伴う改革」は大企業の経営陣にこそ必要ですよ。

浜　まさにそうですよね。

グローバル時代の生き方を憲法はちゃんと書いている

21世紀に力持つ条文

浜　安倍首相が変えようとしている日本国憲法は、ものすごく最先端的で21世紀的なものだと思うんですね。憲法は21世紀のグローバル時代に、人々が共にどう生きるべきかを語ってくれています。とくに前文です。「日本国民は……諸国民との協和による成果と……」という一節の「協和」は、グローバル時代の生き方のキーワードです。

「日本国民は……平和を愛する諸国民の公正と信義に信頼して、われらの安全と生存を保持しようと決意した」という一節には、相互信頼への深い確信があります。これがなければ、簡単にヒト・モノ・カネが国境を超える時代を共に生きていくことはできません。もう一つ、面白いのが、「いづれの国家も、自国のことのみに専念して他国を無視してはならない」というフレーズです。これをだれに読ませるべきかは、みなさんすぐに分かりますよね。（笑い）

グローバル化時代に企業はうまく対応できていません。必死に内部留保をため込んだり、人を安上がりにこき使ったりするのも「グローバル時代は、こうしないと勝ち組になれない」という視野狭窄《きょうさく》的な認識がもたらすパニック対応です。

しかし本来のグローバル時代の生き方はそうではない。だれも一人では生きていけない時代です。「お互いさま」「おかげさま」の関係で、支えあい、助け合う。そんなフレームをみんなでつくっていく時代なのです。

それが日本国憲法にはちゃんと書いてある。最先端なんです。それを「古い」「時代遅れだ」といって変えようとするのは信じられない。そういう言い方こそが、今の時代が見えていないのだと思います。

志位　その通りですね。同じことは憲法9条にも言えると思います。9条には、「二度と戦争はしない」という決意だけでなく、「世界平和の先駆けになる」という意気込みが込められています。グローバルな広がりを持っていますよね。

浜　そうですね。

志位　世界をみると、紛争は平和的に解決するというのが、圧倒的な流れになっています。とくに注目している地域が二つあります。

一つは、東南アジアです。東南アジア諸国連合（ASEAN）が、東南アジア友好協力条約（TAC）を結び、平和の地域共同体をつくっている。TACは、どんなもめごとも話し合いで解決する、武力行使は絶対にダメという条約です。かつてはいろいろな戦乱があった地域ですが、いまでは「紛争を戦争にしない」という点で徹底しています。ASEANはTACを域外諸国とも結んで世界規模のネットワークをつくっている。これはまさに9条の精神と響きあう流れです。

もう一つは、ラテンアメリカです。ASEANと同じような中南米カリブ海諸国共同体（CELAC）という平和の地域共同体の枠組みがあります。これも9条と精神は同じだと思います。

この二つの平和の地域共同体は、両方とも非核地帯になっています。「核兵器のない世界」をつくるという点でも、とても先進的なのです。

昨年、私は、2回ニューヨークに行き、国連本部で行われた核兵器禁止条約の交渉会議に参加しました。ここでも、核兵器禁止条約の採択にむけて、CELACとASEANは、非同盟諸国、欧州の中立国などとともに、大きな役割を果たしました。

世界では9条に響き合う流れが広がってきており、9条は時代の最先端をいっています。それなのに、この憲法を変えるというのは実に愚かです。絶対に許してはなりません。

浜　その通りですね。

安倍首相のトランプ米大統領追随は異様

日米首脳　危険な関係

志位　世界の動きで、私がたいへんに危険だと思っているのは、トランプ米大統領と安倍首相の2人の関係です。

トランプ氏は「アメリカ・ファースト」といいますが、これは他国に手を出さないということではありません。シリア攻撃を強行した。アフガニスタンへの米軍を増派した。エルサレムをイスラエルの首都と認定した。北朝鮮に対しても「すべての選択肢はテーブルの上にある」といって先制攻撃もありうると。「自国のために世界中に手を出す」ということなのです。

だから世界の首脳は、みんなトランプ氏と距離を置いて付き合っています。メイ英首相もエルサレム首都認定では反対していますし、マクロン仏大統領もメルケル独首相も反対です。こんなときも安倍首相だけは一言も批判しない。北朝鮮問題で「すべての選択肢がテーブルにある」というトランプ氏を支持している首脳は、世界でも安倍首相だけだと思います。

浜　安倍さんには、「言うべきことを言う」という感性はないと思いますね。何を言うべきかもわかっていない。トランプ氏の「アメリカ・ファースト」は、おっしゃる通り、ちょっかい出すところには出すという構えを含むものです。完璧に自国のことのみに専念する。だから自国の利益貫徹を邪魔する者どもはやっつける。そういう発想ですね。そして安倍さんはというと、17年1月の施政方針演説で「世界の真ん中で輝く国創り」といいました。自分が世界の太陽になるのだというわけですよ。

志位　浜さんは、それを厳しく批判されていましたね。私は、浜さんの批判を読んで、ヒトラーが「世界の冠たるドイツ」といったことを思い出しました。

浜　そうですね。トランプ氏は、米国が居心地よく生きていけるのであれば、何を犠牲にしてもいいと。かたや安倍さんは、日本が「世界の真ん中で輝く国創り」。お互いに自分のことしか考えない者同士の相思相愛みたいなものです。言うべきことを言いながら、深い信頼で結ばれるのが本当の友情です。それにはおとなの知性と感性が必要ですが、この2人には、それがみじんもありません。

志位　本当にそう思います。私がいま一番心配しているのは、北朝鮮問題です。北朝鮮の核・ミサイル開発はもとより断固反対ですが、戦争だけは絶対に起こしてはなりません。ペリー元米国防長官は、核戦争になった際の被害は、韓国は朝鮮戦争の10倍に、日本は第2次世界大戦に匹敵すると警告しています。対話による平和解決が唯一の方策です。

ところが安倍首相は「すべての選択肢はテーブルの上にある」というトランプ氏を支持すると言い切っている。万一、トランプ大統領が先制攻撃の道を選んだら日本はどうなるのか。戦争法＝安保法制を発動して、戦争をいっしょにやることになる。恐ろしいことです。甚大《じんだい》な犠牲が出ます。

浜　ほんとうにそうですよね。もう少しおとなになってもらわないと困ります。無理でしょうけど。

志位　トランプ氏は衝動的、無軌道に危険なことを言います。「北朝鮮を完全に破壊する」とか。ティラーソン米国務長官などからは、ともかく対話を探るというメッセージも出されている。そんなときでも安倍首相は一貫してトランプ氏をあおっている。たいへんに悪い役割を果たしていると思いますね。

浜　無責任ですよね。首相をやってはいけない人ですね。

志位　お引き取りを願うしかないです。

〝状況は変えられる〟目の当たりにした

市民と野党の共闘

浜　どうやって退陣していただくか。戦略を練るべきだと思います。市民との連帯、連合、共闘を盛り上げていくことがポイントだと思いますね。

志位　市民と野党の共闘には、すでに4年におよぶ歴史があります。最初は2014年の沖縄のたたかいです。「オール沖縄」という枠組みが初めてでき、名護市長選、知事選、総選挙で勝つことができました。知事選では自民党県連幹事長を務めたこともある翁《お》長雄志《ながたけし》さんを候補者にして、一緒にたたかいました。このとき翁長さんがおっしゃったのが「これからは保守は革新に敬意をもち、革新も保守に敬意をもち、力をあわせていきましょう」という言葉でした。感動しました。

15年1月の「党旗びらき」のあいさつで、〝沖縄で起こったことは、全国で起こりうるという強い予感を抱きました〟と話しました。この年に安保法制＝戦争法案反対の空前の市民のたたかいが起こり、一人ひとりの市民が自由に声をあげて立ち上がりました。

浜　そうでしたね。

志位　労働組合の動員が中心だった60年安保闘争のときとも違った自発的な立ち上がりでした。その中で起きたのが「野党は共闘」のコールでした。そこで共産党もこれまでの方針を変えなければと考え、安保法制＝戦争法が強行された15年9月19日に「戦争法（安保法制）廃止の国民連合政府をつくろう。そのために野党で選挙協力を行おう」と呼びかけました。この共闘は市民のたたかいが生み出したものなんです。

浜　そうですね。

志位　市民のたたかいが生み出した共闘ですから、進める力も市民のたたかいだと思います。とくに今は、安倍政権による9条改定を許さないという一点で空前のたたかいを起こすことが、共闘を進める一番の力になると思っています。

浜　あの安保法制のときに起きた動きが今、ぐっと広がっていますよね。「21世紀型市民革命」が起きているとつくづく思います。市民という言葉が持っている響きを体現した運動が全国津々浦々で、9条の会だとか実にたくさんあり、艱難辛苦《かんなんしんく》の中、生き生きと活動されています。

志位　総選挙で希望の党が出てきたとき、そっちに行ってしまおうとする民進党の人たちを共闘の道に戻す力が働きました。これも2年間の共闘の積み重ねがあったからです。そこに自信をもって次につなげていきたいと思っています。

浜　この間の展開は〝状況は変わるんだ〟ということをはっきりしめしていますよね。良識ある人ほど「この閉塞《へいそく》的な現状は変えられないのでは」と思いがちですが、状況は変えられる。不可能は可能になる。奇跡は起こる。その一端を目《ま》の当たりにしているといっても過言ではないと思うんです。

志位　一緒に共闘をやるなかで、お互いに変わっていくというのが実感です。野党統一の候補で最初は「共闘」という言葉をいわなかった人も、当選後には「共闘の力で勝利できた」とおっしゃった方もいる。

浜　なるほど。

志位　共闘では、お互いに違いがあって当たり前です。しかし、たたかう中で、違いを違いとして認め合い、一致点で協力する、相手をリスペクト（尊重）する精神──おおらかな精神でやっていけば、前途は開けてくると思っています。

浜　「おおらか」というのは、すごく良い言葉ですね。トランプさんも安倍さんも、おおらかじゃない（笑い）。おおらかに互いを認め合えるということは、ゆとりがあるということ。おとなだということでもあります。よい意味で、強き者たちです。一方、「闇の軍団」は基本的に臆病者の集団。怖くてしょうがないから、抑えにかかる。ある意味でかわいそうな人たちです。奇跡を担われているみなさんは、あらゆる場面でたくさんの奇跡を起こしていただきたいと思っています。

志位　共闘の問題で一つお話ししたいのは、これまでは共産党が、一部を除いて、一方的に候補者を降ろすという対応をしてきましたが、次の参院選ではあくまで相互推薦・相互支援の共闘をめざすということを決めました。そうしてこそ一番力が出る。共闘相手にもそこを乗り越えてほしいと思うんですね。

浜　その通りだと思います。うまく力がでる共闘には互恵性がとても重要です。お互いに恩恵を施し合える形をどう築き上げていくか。それが丈夫で長持ちの大原則だと思います。丈夫で長持ちスタイルに向けて共闘のあり方も進化する。これはとても重要なポイントだと思います。進化するから深化する共闘。これは素晴らしい。

志位　いま始まっている市民と野党の共闘は、日本の政治で初めてのものです。先ほどおっしゃられた「奇跡」を起こしながら、未踏の領域を切り開きたい。難しいことも起きてくるでしょうが、負けないで、おとなの対応で一歩一歩進んでいきたいと思っています。

「格差と貧困」深まる矛盾　世界に二つの潮流が生まれた

「99％の連帯」が大切

浜　「21世紀の市民革命」のテーマの一つとして格差と貧困の問題があると思います。米国では1％の富裕層が全米の富の4割を独占しています。日本は蓄積された富の大きさでみても、とてつもなく豊かな経済社会ですよね。そのなかで相対的貧困率は先進国とは思えない高さです。この「豊かさのなかの貧困」、富の偏在問題をどう解消していくのか、対応していかなければならないと思います。

志位　今の日本社会を分析してみると、富裕層に富が集中し、貧困層が拡大しているだけでなく、所得が500万～1千万円ぐらいの中間層も減っています。安倍政権の5年間で実質賃金は年間12万円も減り、1世帯当たりの家計消費も年間20万円も減った。中間層がどんどんやせ細り、疲弊していっているのが、今の日本社会です。

米国と一緒です。中間層の疲弊がはっきり出て、そのゆがみがトランプ大統領の誕生につながった。日本も同じような構造になってきていると思いますね。日本でも「99%」という結集はできると思うんです。

浜 そうですね。ご指摘のように、いまや日本にも「貧困の中の豊かさ」、つまり多数が貧困の中で一握りの人びとの豊かさが突出する姿に近づいているのだとすれば、確かに、結集がむしろやりやすくなってきているのかもしれない。ただそうであればあるほど、日本版トランプ大統領を産み落とすという方向にいかないようにしないと。疲弊する中間層がトランプ氏を産み落とした。日本でもそうした偽ポピュリズムの横行跋扈《ばっこ》や国粋主義への心酔の拡散が起きないようにするためには、どうするか。そこが切迫したテーマになってきますね。

志位 そのためにも「99%の連帯」が大切だと思うんです。米国ではトランプ氏が出てきたけど、「民主的社会主義者」を名乗るサンダース上院議員も大統領選挙で大健闘した。イギリスでも、ジェレミー・コービンさんという「社会主義者」を名乗る最左派の政治家がイギリス労働党の党首になった。スペインでは、「ポデモス」という左派系の新政党が躍進しています。ギリシャでは「シリザ」（急進左派連合）が政権についています。トランプ的な排外主義の流れと、本当の意味での人民主義の流れの両方が出てきています。後者との連帯を大いに強めたいと考えています。

浜 そうですね。そこに救いがある。その意味で日本においては、いままさに「市民と野党の共闘」が人間性を尊重する人本《じんぽん》主義に向かう道を開いてくれるはずです。

志位　日本での共闘も人民の権利を守りたたかう国際的な流れの中にある。自らが担い手となって民主主義をつくっていく「参加型の民主主義」という世界の流れに大いに学んでいきたいですね。

浜さんは「真のコミュニズムを実現できれば、21世紀は打開の世紀となるかも」と書いてますね

未来社会を語り合う

志位　浜さんは「真のコミュニズムを実現させることができれば、21世紀は人類にとって打開の世紀となるかもしれない」(「東京」17年8月13日付)とお書きになっていますね。

私たちがめざす未来社会とは、生産手段を個々の資本家の手から社会の手に移すことで、生産の目的を「利潤第一」から「社会と人間の発展」に移す。この変革によって労働時間を抜本的に短縮し、すべての人間に自由で全面的な発展を保障する。各人が自由にできる時間を使い、自らの能力を全面的に開花させる。そのことによって社会全体がさらに力をえて発展し、ますます労働時間が短くなるという好循環が生まれる。マルクスは、未来社会について、「各人の自由な発展が、万人の自由な発展の条件であるような一つの結合社会」(『共産党宣言』)と言いましたが、この「自由な発展」が一番のカギなんです。

若い人にその話をすると「ぜひつくりたい」となります。長時間・使い捨て労働でひど

い目にあっていますから。「人間の自由」「人間の解放」をとことん突き詰めたのが、「真のコミュニズム」だと私は思っているんです。

浜　そうですね。コミュニティー（共同体）とは本来そういうもののはずですよね。「魂の解放を得た人びとの共存の場所」であって、「解き放たれた知性が輝く場所」ということですね。

志位　浜さんがいうと文学的だ（笑い）。コミュニティーもコミュニズムも語源はラテン語で「コムニス」（共同）。私はトーク集会で「コミュニティーセンターは直訳すると『共産センター』になる」と話しています。（笑い）

浜　グローバリズム時代の本当の生き方ではないかと思います。それこそ「日本国憲法の前文には『真のコミュニズム』が語られている」と安倍首相にいってやったら、ビビるでしょうね。（笑い）

2018年どう臨む

志位　浜さんの著書を読むと、言葉に非常に敏感で、批判的によく吟味されていて共感を覚えます。例えば「アベノミクス」という用語をはやらせてはいけないということで「アホノミクス」といわれてますね。〝あれは経済学じゃない〟とおっしゃりたいんだと思います。「戦争法」を「平和安全法制」といい、「共謀罪」も「テロ等準備罪」と言い換える。言葉を置き換えて国民を欺くのが彼らの特徴です。辞典を作ったらいいと思うんですよね。

浜　『アホノミクス用語辞典』（笑い）

志位　浜さんは言葉の問題を敏感にズバッとつかみだし、批判する。見ていて痛快です。私たちもそういう発信力をもっと身につけ、ごまかしを打ち破っていく必要があります。

浜　国会審議や討論会で政治家が使う言葉と論理の「品質」劣化が著しい。耳をふさぎたくなるレベルです。知性に裏打ちされた議論ができる中身をお持ちなのは、共産党だと思います。「品質」を管理する人には資格が必要です。〝無資格者〟がやってはいけない。共産党は資格を持った「品質管理責任者」として政治の知的だらしなさをせき止めてほしいですね。相手が相手ですから難しいことではありますが。（笑い）

志位　政治の世界では、正確なファクト（事実）、ロジック（論理）、ワード（言葉）を使って、立場は違っても誠実な議論をするべきだと思います。小泉（純一郎元首相）さん以降、まともな議論が難しくなり、安倍さんになってますます困難を極めています。（笑い）

浜　完全崩壊ですね。（笑い）

志位　こちらが議論のレベルを下げれば国民の政治不信を招きます。「品質管理」をしっかりやって、日本の政治を良くしていくのが私たちの仕事だと思っています。

浜　私の今年の抱負は「アホノミクス」を一段と普及させ、「アベノミクス」という用語を人びとに忘れてもらうことですね（笑い）。そして、安倍さんご本人も志位さんとの国会論戦で「アホノミクス」とポロッといってしまう（笑い）。その実現をめざしてがんばります。（笑い）

志位　もし安倍さんがそう答弁したら、いまその用語の頭には「ど」がついているんですよって、付け加えますよ。（笑い）

浜　昨年は「市民と立憲野党の共闘」という言葉が生まれ、「市民」という概念が社会の前面に出てきた。今年はこの「市民」という言葉を掲げ、「21世紀の市民革命」がさらに広がり深まっていくことに、どう貢献できるかを追求していきたい。そして「アホノミクス」を徹底的にやっつけ倒していきます。（笑い）

志位　今年は全国的選挙が想定されない年になると思います。私たちとしては、憲法9条改定を食い止め、国会発議を絶対に阻止する。そのためにも安倍9条改憲に反対する3000万人署名をやり遂げたい。「働かせ方大改悪」をはじめとする暮らし破壊の暴走を止め、日本の政治をまともな方向に切り替えるために、いろいろな分野でたたかいを発展させていきたいと思っています。

共産党自身の努力としては、「共産党が好きだから支持する」という積極的支持者を広げていきたい。私たちがめざしている未来社会を丁寧に伝えていきたいです。

浜　「真のコミュニズム」ですね。（笑い）

志位　そうです（笑い）。そうして19年の参院選と統一地方選で新しい躍進を勝ち取りたい。そのためにがんばりたいと思います。ありがとうございました。

浜　ありがとうございました。

（「しんぶん赤旗」日曜版2017年12月31日・2018年1月7日合併号）

新春対談

日本共産党委員長
志位 和夫さん

神戸女学院大学教授
石川 康宏さん

市民と野党の共闘は日本社会にしっかりと市民権を得た

世界でも日本でも、逆流を乗り越え、新しい時代を開く大変動が起こった

日本共産党の志位和夫委員長の新春対談。今年は、マルクスを研究する経済学者であり、全国革新懇代表世話人を務める石川康宏・神戸女学院大学教授を迎え、世界と日本の問題、展望について縦横に語り合いました。

志位　あけましておめでとうございます。

石川　おめでとうございます。

昨年（２０１７年）を振り返って印象的だったのは、国際面ではトランプ政権の登場でした。アメリカは現在最大の帝国主義国ですが、その国際的威信をトランプ政権は短期間のうちに失わせています。その対極で、核兵器禁止条約が世界各国圧倒的多数の合意で

いしかわ・やすひろ　1957年北海道生まれ。京都大学大学院博士課程修了後、現職。専門は経済学、経済理論。全国革新懇代表幹事。著書に『マルクスのかじり方』『社会のしくみのかじり方』など多数

成立しました。世界の構造変化が着実に進んでいると思います。

一方、国内では、安倍政権が「森友・加計」問題をきっかけに、都議選で惨敗するなど一気に行き詰まりの局面に入りました。そうだからこそ希望の党を活用しての大がかりな策謀も行われたわけですが、市民と野党の共闘は日本社会にしっかりと市民権を得たと思います。

◆　◆

志位　昨年は、世界でも日本でも、逆流を乗り越えて、新しい時代を開く大変動が起

こった年になったと思います。

昨年の世界政治における最大の出来事は、人類史上初めて核兵器を違法化した核兵器禁止条約の採択でした。このなかで、国際政治の主役が、一握りの大国から多くの国ぐにの政府と「市民社会」へと交代したことが、はっきり出てきました。それとの対極で、トランプ米政権の国際的地位の凋落《ちょうらく》、孤立、危険が際立っています。この政権が行った核兵器禁止条約への妨害、地球温暖化防止のパリ協定からの離脱、エルサレムの首都認定などは、世界の強い批判を集めました。その時に、安倍首相は「トランプ・ファースト」（笑い）。これは日本の立場を根底から危うくするものです。

しい・かずお　1990年に書記局長、93年衆院選で初当選（衆院議員９期目）、2000年から幹部会委員長。著書に『戦争か平和か　歴史の岐路と日本共産党』、『綱領教室』全３巻など

日本の政治では、私たちは昨年1月の第27回党大会決定にもとづき、「市民と野党の共闘の勝利」と「日本共産党の躍進」を「二大目標」にすえて追求しました。共闘の方は、昨年の総選挙で、突然の逆流に遭遇しましたが、それを乗り越えて次につながる重要な成果をおさめることができました。党躍進の方は、東京都議選では良い結果を得ましたが、総選挙では議席を減らす結果になり、今後の

課題も鮮明になりました。
全体を振り返ってみて、逆流とのたたかいを通じて、これまでにない幅広い市民との「共闘の絆」「信頼の絆」が強まり広がったことは、最大の財産であり喜びです。これを力に、来年の統一地方選挙と参議院選挙では、共闘をとことん追求して前進させつつ、党躍進を必ず果たしたいと決意しています。

◆　◆

石川　国内外ともに市民が主役になっての新たな時代が始まったことを実感します。さらに前進させていきたいですね。

石川　まわりの学者たちからも「共産党はよくやった」の声が
志位　全国に広がった「共闘の絆」への信頼と確信をもって

石川　昨年の総選挙では、民進党が希望の党に合流するという市民と野党の共闘を分断する大がかりな策謀がありました。あの瞬間に私の頭に浮かんだのは、社会党と公明党が、共闘からの共産党排除を決めた1980年の「社公合意」でしたが、同時に、今回はそう簡単に分断されはしないとも思えました。市民運動の強さが違っていると実感できていたからです。

くわえて日本共産党の非常に的確な判断と対応がありました。「希望の党は自民党の補完勢力」「共闘はありえない」という判断を明快に示し、他方で「野党共闘を追求する」と表明した。これは、共闘を破壊する逆流のなかで、困惑しながら次の道を探していた全国の市民運動へのとても大きな励ましになった。さらに共産党は、短期間のうちに候補者を降ろし、共闘は可能だし、現にその体制はあるというリアルな姿を各地につくっていった。それは、非常に機敏で的確な対応だったと思います。

日ごろ、共産党のことをあまり褒《ほ》めることのない僕のまわりの学者たちも、「よくやった」「あれがないと共闘はもたなかった」と言葉をかけてきました。共産党が狭く自分の議席だけを考えるのではなく、社会全体を前に進めるという大局の利益を優先したことが、多くの人の共感をよぶ選挙になったと思いますね。

志位　ご評価をいただいて、大変うれしい思いです。

昨年の9月28日に民進党が両院議員総会で、満場一致で希望の党への合流を決めるという動きが伝えられた時には、共闘の前途を考え暗たんたるものもありました。しかし、ここは私たちがふんばらねばと、「逆流は断固として許さない」「共闘は絶対に諦めない」という二つのメッセージをその日のうちに出し、社民党とは選挙協力の合意をその日のうちに結ぶという対応を行いました。その時に、私たちの頭にあったのは、全国に広がっていた「共闘の絆」なんです。

2年間の取り組みでつくられた「共闘の絆」は、一部の人が陰謀的な共闘破壊の動きをやったとしても決してなくなったりはしない。そこには信頼と確信を持っていましたので、断固とした対応をとることができたと思うんです。

石川　中央政界の議論がどうあれ、〝この土地の市民と野党の共闘はわれわれが守り育てていくんだ〟という市民の運動が各地にすでに育っていました。逆流があっても、それに簡単にのみ込まれ、打ち壊されてしまうような体力ではすでになかったわけですね。

志位　共闘はすでに確かな歴史をもっている
石川　市民運動の成長を実感するし、それを励ます共産党の役割は非常に大きい

志位　市民と野党の共闘は、すでに確かな歴史をもっています。直接の源流は、東日本大震災の後、２０１2年3月に始まった「原発ゼロ」を求める官邸前行動だと思います。市民一人ひとりが主権者として自覚的・自発的に参加する、私たち日本共産党も参加するし、他の野党も参加する――市民と野党の共闘の最初の形がつくられました。

飛躍的発展をとげたのが２０１４年の沖縄でした。1月の名護市長選、11月の県知事選挙、12月の総選挙で、米軍新基地建設反対を掲げ保守・革新の枠を超えた「オール沖縄」が圧勝しました。「沖縄で起こったことは、全国で起こり得る」。私たちは、そう感じましたが、それは現実のものとなりました。

15年に安保法制＝戦争法に反対する戦後かつてない市民運動が広がり、「野党は共闘」という声がわき起こる。そのなかで私たちは、安保法制＝戦争法が強行された同年9月19日に、「戦争法廃止の国民連合政府をつくろう」「野党は選挙協力をやろう」と呼びかけました。これが共闘の歴史をみた場合の第一の節目でした。

石川　そうでしたね。

志位　第二の節目は、16年2月19日の当時の5野党による党首会談合意です。安保法制廃止、立憲主義の回復、国政選挙でできる限りの協力を行うなどを合意しました。この党首会談の席で私たちは、7月に迫っていた参院選1人区の候補者調整について、「思い切った対応をする」と表明し、全国32の1人区すべてでの野党統一候補の実現、11での勝利へとつながっていきました。

そして、第三の節目が、さきにのべた昨年9月28日の私たちの対応です。そういう節々で市民のみなさんと力を合わせて情勢を切り開いてきた手ごたえがあります。

石川　立憲民主党の立ち上がりも、市民の強い声に背中を押されてのことでした。市民連合は昨年の総選挙で、共産、立民、社民の野党3党と「安倍政権による憲法9条改定に反対」など7項目の政策合意を行いましたが、「ともかく政権交代」というのではなく「このような方向に政治を変える」とめざす方向をはっきりさせての取り組みです。そこに市民運動の成長を実感しますし、それを励ます上で共産党が果たしている役割は非常に大きいと思います。

志位　さきほど三つの節目があると言いましたが、15年9月19日の「国民連合政府」提唱は、何よりも「野党は共闘」との市民の声にこたえたものでした。その後、市民連合がつくられ背中を押してもらったおかげで、16年2月19日の5野党党首合意となり、参院選での初めての野党共闘の取り組みにつながった。昨年の総選挙では、突然起こった共闘の分断と逆流に対し、私たちが断固とした対応をしただけでなく、市民連合のみなさんが全国で大奮闘し、希望の党に行こうとした民進党候補者を「そちらはダメ」と止め、共闘の立場に立たせた。

この共闘は、一党一派のものではない。市民がつくりだした、国民の共有財産だということをつくづく思います。今後もいろいろな難しい問題、曲折もあるでしょうが、大局で見れば、市民と野党の共闘には大いなる未来があると考えてよいのではないでしょうか。

石川　中心的な役割を果たす共産党へのリスペクト（尊敬）が
志位　市民と野党の共闘は初歩的段階――本格共闘に発展させるために力つくす

石川　志位さんは「国民のたたかいがつくりだした共闘」と言われましたが、今日の市民と野党の共闘の特徴を少し広い視野でとらえてみたいと思います。

一つは、自分たちの手で国の政治をつくり変えるということを正面から掲げた戦後初めての運動だということですね。これは歴史的に画期的なことです。

志位　戦後初めてですね。１９６０年の安保闘争とよく比較されますが、その時とも違って、一人ひとりの市民が自分の意思で自発的に立ち上がっている。

石川　二つ目は「個人の尊厳」を守る政治をはっきり掲げているということです。戦後、憲法の大切さを掲げた市民運動はいろいろありましたが、焦点は圧倒的に9条、平和の問題でした。しかし、今回の市民連合は、安保法制廃止とともに「個人の尊厳」を掲げている。あらゆる人々の基本的人権を、自由権だけでなく、社会権までふくめてすべて実現する政治をつくろうといっているわけです。「保育園落ちたの私だ！」「返済不要の奨学金を！」というリアルな声の上にこの取り組みが生まれている。日本国憲法全体の先進性に国民・市民の意識が急速に追いついてきたという気がします。

そして三つ目は、この共闘のなかで、共産党が他者からリスペクト（尊敬）される存在となり、中心的な……ご本人は中心的とは言いづらいでしょうが（笑い）、これを発展させる上で中心的な役割を果たしているということを、市民運動が認めてリスペクトしているという点です。80年代の「オール与党」の時代から最近の「二大政党づくり」にいたる動きは、広範な市民と共産党を引き離すことを大きな狙いとしましたが、もうそういう策がとれない局面に入っている。共産党に対する市民の信頼がここまで深まってきたというのも、いまの市民と野党の共闘の歴史的な到達点として大事なところじゃないかと思いますね。

志位　たいへん突っ込んだ分析をいただき、恐縮です。（笑い）

石川　あれ、突っ込みましたかね。（笑い）

志位　「個人の尊厳」が共闘のなかで重視されるようになってきたのは、憲法違反の安保法制＝戦争法の強行によって立憲主義が乱暴に破壊され、その回復が一大テーマになってきたことと深い関連があります。立憲主義とは、憲法によって権力を縛ることですが、その究極の目的は何かと考えたら、憲法13条でいう「すべて国民は、個人として尊重される」――「個人の尊厳」の擁護にある。「個人の尊厳」は、基本的人権のなかでも最も根底にある人権と言ってもよいと思います。世界人権宣言、国際人権規約などの国際規範も「個人の尊厳」から始まります。いまスペイン、ギリシャなどヨーロッパで起きている進歩的運動のキーワードも「個人の尊厳」となっている。「個人の尊厳」が、たんに平和の問題だけではなく、暮らし、民主主義などあらゆる問題の根底にある権利として押し出されています。これを土台に真剣な政策協議を行うならば、共闘の内容が豊かに発展していく可能性をはらんでいると思います。

「共産党への信頼感」というお話をしていただきましたが、この2年あまりの私たちの行動そのものを通じて、共産党に信頼を新たに寄せてくれるという方が広がったという強い実感があります。総選挙の結果を見て、国民のなかから「共産党を私たちの手でもっと大きくしたい」という動きがいろいろな形で起こっています。たとえば、今度発足を決めた「ＪＣＰ（日本共産党）サポーター」制度というのは、市民のみなさんから寄せられた提案を、市民のみなさんとともに具体化していこうというものです。

石川　かつては、「共産党」という言葉を人前で口にすること自体に勇気がいる時期もありましたが、いまは当たり前の日常の単語になっていますね。

志位　野党の共闘は、2年あまり取り組んできたものですが、まだ初歩的段階です。これを「本格的な共闘」にするために、共通政策を豊かにし、相互支援・相互推薦の共闘を実現し、政権問題でも前向きの一致をさぐりたい。私たちも努力をしますが、相手の政党にもぜひ乗り越えてほしいと思います。

石川　そうですよね。共闘をもっと深いものにしていくうえで、市民連合と結んだ7項目合意の実現にすぐに取り掛かることが大事です。選挙のための共闘ではなく、政治を変えるための共闘なんだということを、はっきりさせていく必要があります。

志位　7項目合意の最初に掲げられているのが憲法問題です。「安倍政権による憲法9条改定に反対」――この共同のたたかいを大いにすすめたいと思います。

志位　まず「禁止」し、それをテコに「廃絶」に進む

――国際的英知を結集した核兵器禁止条約

志位　冒頭のべた核兵器禁止条約の採択は、ほんとうに歴史的・画期的な出来事だと思います。何よりこの条約は、国際的英知を結集し、国際社会が新たな踏み切りを行ったも

のだということです。

「核兵器をなくす」といった場合、条約をつくろうとすれば、核兵器を「禁止」することと、「廃絶」することの二つの要素があります。これまで私たちの運動は、「禁止」と「廃絶」をあまり区別せず、一体のものとして取り組んできました。ところが情勢は、ここで新たな突破をすることを求めたのです。

この間、核兵器の非人道性について国際社会の理解が急速に広がり共通認識になってきました。しかし核保有大国は「自国の核兵器の完全廃絶」という国際社会の誓約を踏みにじって先に進もうとしない。それならばどうするか。まず核兵器を法的に「禁止」し、それをテコに「廃絶」へ進もう。「核兵器禁止条約の国連会議」の開催を決めた国連総会の決定は、「禁止」と「廃絶」を賢明にも二つの段階に分け、核兵器を法的に「禁止」する条約を交渉することを提起するとともに、そうした条約は「廃絶」に「つながる」ものとして構想されなくてはならないと明示しました。私たち日本共産党も、この新たな突破点をつかんで、各国政府に働きかけました。

広島で被爆したカナダ在住のサーロー節子さんは、7月7日、条約採択を受けての演説で、この新たな突破点を、次のような簡潔な言葉で表現しました。「この条約は核兵器の終わりの始まりです」。

ウィリアム・ペリー元米国防長官は「朝日」（11月29日付）インタビューでこうのべています。「(核兵器禁止）条約が採択されてよかった。実現せずとも発信することに価値がある。200年以上前、米国の建国の父は（独立宣言で）『すべての人間は平等に造られている』とうたいました。当時は奴隷もいて、女性には投票権も認めず、平等ではありませんでしたが、原則を信じた。目標を持つことが推進力になるのです」。まず核兵器を「禁止」し、それをテコにして「廃絶」に進もう。そういう新たな踏み切りを行ったというのは、まさに国際的英知が働いたものだと思います。これが「国連会議」に参加しての私の強い実感です。

志位　国際政治を動かすのは世界の市民だということが、公認の事実となった

石川　「国連会議」への日本政府欠席に学生たちもショックを

石川　核兵器禁止条約をつくりあげた昨年3月と7月の両方の「国連会議」に、志位さんは参加されたんですね。肌で感じられることがいっぱいあったでしょう。

志位　ええ。もう一つの強い実感は、国際政治の主役が交代したということです。核兵器問題は、かつてはごく一部の核保有大国が交渉の主役でした。核兵器廃絶は主題にならず、核兵器の管理や核軍拡競争のルールづくりが主題でした。

それがすっかり様変わりです。核保有大国がボイコットし、妨害しても、堂々とそれをはねのけ、122カ国の賛成で核兵器禁止条約が採択される。核保有大国が主役だった時

代は終わり、各国の政府と「市民社会」が新しい世界の主役となっています。「市民社会」の占める位置をはっきり示したのが、ICAN（核兵器廃絶国際キャンペーン）のノーベル平和賞受賞だと思います。これは被爆者に対する授賞であり、もっと言えば「市民社会」全体に対する授賞だと思います。国際政治を動かすのは世界の市民——民衆だということが、国際政治のなかで公認の事実となった。

私たちは日本で市民と野党の共闘をすすめていますが、それと同じような動きが「世界版」として起きている。そのことを「国連会議」に出席して強く感じました。核兵器禁止条約をめぐっては今後、困難や曲折も予想されますし、核保有大国は妨害をするでしょう。しかし核兵器禁止条約は必ずこの世界を一歩一歩変えていく。

石川　日本政府は「国連会議」に出席しませんでしたが、その空席に置かれた折り鶴がずいぶん話題になりました。

志位　ええ。写真をとってツイッターに投稿したらたくさん拡散されました。ICANのみなさんが作った折り鶴で、「wish you were here（あなたがここにいてくれたら）」と書かれていました。〝被爆国の政府がなぜここにいないの。あなたにこそここにいてほしい〟。これがみんなの気持ちだったと思います。

石川　ぼくは大学の毎回の講義で、「最近1週間の出来事」を取り上げるんですが、その中で核兵器禁止条約を討議する国連の会議に、日本政府が欠席したことも紹介せねばなりませんでした。学生たちはみんな居心地の悪そうな、不安というのか落胆というのか、そんな表情を見せていましたね。「唯一の被爆国」として日本は核兵器の廃絶のためにがんばっていると思っていた。それが事実によって裏切られた、ということですからね。それはショックですよ。国際的威信が低下し、ますます不安視されるようになっているトランプ政権の「核の傘」に依存する。そんな政治の害悪が非常に分かりやすく表れています。

核兵器禁止条約の採択が決まった歓喜の中で握手を交わす被爆者＝2017年７月７日、ニューヨーク（池田晋撮影）

志位　７月の「国連会議」でサーロー節子さんにお会いしたとき、「日本政府は核保有国と非核保有国の『橋渡し』をするというが、この会議にも出ないでどうして『橋渡し』ができますか」と批判していたことを思い出します。日本政府の行動は「橋渡し」でなく、核保有国の代弁者にすぎません。

石川　核兵器の存在自体が違法だという世界がつくられている。これは、軍事大国が世界に覇権主義を押し付けるための物質的な道具が、手からたたき落とされる瞬間に入ってきているということですね。

志位　「国連会議」で活躍したのは、オーストリア、アイルランドなど欧州の中立国、ＣＥＬＡＣ（中南米カリブ海諸国共同体）、ＡＳＥＡＮ（東南アジア諸国連合）、アフリカ連合（ＡＵ）など、軍事同盟に縛られない国ぐに・地域でした。軍事同盟に縛られない非同盟・中立にこそ未来を創造する力があると感じました。

核兵器禁止条約をつくった昨年は、人類史に記録される年になったと思います。できるだけ早期に条約への署名・批准をすすめ、条約を発効させ、核保有国と同盟国を一つひとつ参加させていくことが今後の課題になりますね。

石川　腕力だけ、世界の秩序など考えない、トランプ米大統領
志位　21世紀の人類的課題にことごとく背を向ける

石川　アメリカはトランプ政権の下で、国際社会での信頼や影響力を広げることのできない、腕力だけにものをいわせるわがまま国家になってきていると思います。世界秩序の安定など考えない、自分のことしか考えられない、孤立に向かう国になってきている。

ブッシュ政権のときに台頭した「ネオコン（ネオ・コンサバティズム＝新保守主義）」勢力も、力で世界を動かそうとしましたが、その後、アメリカには、国際的地位の低下を問題視し、地球環境問題や国際世論を無視した戦争政策はほどほどにしようという変化も出てきました。その流れの中でオバマ政権が出て来るわけですが、状況を大きく変えるこ

とはできませんでした。その後につづいたのが、そうした配慮をすべて投げ捨てた、自己中心主義のトランプ政権です。ここにはアメリカ社会の帝国主義としての深い行き詰まりが表れているように思います。志位さんが指摘された「市民社会が世界を動かしている」という話の〝メダルの裏側〟という気がします。

志位　トランプ政権の孤立、凋落、危険――これにはいくつか大きなエポック（画期）があると思います。核兵器禁止条約への敵意をむき出しにした攻撃とともに、地球温暖化防止のための「パリ協定」からの離脱はきわめて重大です。さらに、エルサレムをイスラエルの首都と認定したことは世界に衝撃を与えました。国連総会では撤回を求める決議が圧倒的多数で採択されました。総会前の国連安保理では撤回を求める決議がアメリカの拒否権で葬られましたが、表決は賛成14、反対1でした。

石川　そうでした。孤立が際立っています。

志位　この三つの問題はいずれも人類にとっての死活的課題なんですね。核兵器は、文字通り人類の生存のかかった問題です。気候変動問題も人類さらには地球の生存のかかった問題です。エルサレム首都認定問題は、異なる宗教・文明間の対話と相互理解という21世紀の世界の大きなテーマに反旗を翻《ひるがえ》したものですね。21世紀の人類的課題に対して、トランプ大統領は「アメリカ・ファースト」でことごとく背を向けた。

そのときに、安倍首相はすべて「トランプ・ファースト」なんですね。核兵器禁止条約への反対しかり。気候変動問題でも、石炭火力発電所を日米一体で推進している。ＮＧＯ

から、トランプ大統領には「大化石賞」が贈られ、安倍首相には「化石賞」が贈られるというありさまです。エルサレム首都認定問題でも、日本政府は、さすがに国連の決議には賛成しましたけど、ひと言も批判をしない。

安倍首相の「方針」は簡単なのです。トランプ大統領のやることは、それがどんなに無理なものであっても、絶対に批判をしないというのが彼の「方針」です。こんな首脳は世界に2人といません。〝トランプ大統領は危うい〟〝付き合うにしても距離を置いて、言うべきことは言おう〟というのが、世界の首脳が当たり前にとっている姿勢です。トランプ大統領に対して安倍首相が「100%ともにある」という姿勢で付き従っているというのは本当に危険です。彼の命取りになる問題にもなると思いますね。

石川　日本本土が戦場になる危険にどう対処するかが問題
志位　安倍首相に「危険を直視せよ」と言いたい

石川　それは北朝鮮への対応にも表れていますね。

志位　そうですね。北朝鮮問題で、安倍首相は、「すべての選択肢がテーブルの上にあるというトランプ大統領の方針を強く支持する」と繰り返しています。これでは、万が一、アメリカが先制攻撃に踏み切った場合に、日本はそれを無条件に支持し、一緒に戦争することになる。そんなことを言っている首脳は、世界で安倍首相だけです。文在寅（ムン・ジェイン）韓国大統領は、先制攻撃には反対と表明しています。世界の圧倒的多数の首脳は平和的解決を求めています。安倍首相は、日米関係を「世界で最も重要な2国間関係」と言うけれど、「世界で最も危険な2人の関係」になっている。（笑い）

石川　北朝鮮の問題も授業でよくふれるのですが、学生の一部には「アメリカと北朝鮮の戦争だから日本と直接には関係がない」という誤解もありますね。在日米軍基地があることは知ってるけれど、それが戦争の当事者になり、日本列島が韓国と並んで直接の戦場になるという話にはつながっていない。ですから、その可能性を提示すると顔色がかなり変わります。そのあたりの基礎的な情報がまだまだ伝わってないという気がします。

志位　そうですね。北朝鮮問題で一体何が危険なのか。危険の正体をよく見る必要がありますね。安倍首相は、〝日本に対して北朝鮮がミサイルを撃ってくる。それを防がなければいけない〟と言って、そこに危険の焦点があるかのようにいう。しかし現実の危険がどこにあるかといえば、米朝が軍事衝突を起こし、戦争、さらに核戦争に発展し、日本も甚大な被害を受ける。そこに危険の焦点があるわけです。この危険に安倍首相は目をつむっている。首相に「危険を直視せよ」と言いたいですね。

北朝鮮の核・ミサイル開発は、世界と地域にとっての深刻な脅威であり、もとより絶対に許されません。同時に、戦争だけは絶対に起こしてはならない。こういう立場にたつのであれば、経済制裁と一体に「対話による平和的解決」をはかるしかありません。他に解決策はないのです。

石川　さきほどのペリー元米国防長官も、北朝鮮問題について「核（戦争）になれば、その被害は…（日本にとって）第2次世界大戦での犠牲者数に匹敵する大きさになります」と警告していますね。本当に、とてつもない被害になります。

志位　トランプ大統領は「アメリカ・ファースト」。安倍首相は「トランプ・ファースト」。この組み合わせは一番悪い。日本国民にとって危険なだけではなく、世界全体にとっての危険になっている。この政治は本当に変えないといけません。

志位　「安倍9条改憲阻止」は、今年最大のたたかいに
石川　「靖国」派的な戦前回帰の危険性を追及していくことも重要

石川　今年のたたかいの最大のテーマは、9条改憲を許さないたたかいでしょう。政権党がこれだけ自衛隊を海外で戦争させる準備をすすめたうえで、「改憲」に向かおうとしているのですから、それは、まず字面を変えてそれからといった悠長《ゆうちょう》な問題ではありません。本当に「戦争をする国」に、ただちに転換しようとしています。

これに対して、食いとめようとする市民の側にも、新しい共同が広がっています。「総がかり行動実行委員会」と「9条の会」が力をあわせた「安倍9条改憲NO！　全国市民アクション」ですね。国民投票をすれば改憲派が負ける、という状況をつくるための「3000万署名」がよびかけられていますが、3000万は大きな数ですから、政治的

な立場を超え、政治に関心のない人々にも積極的に声をかけていく大運動をどうつくりあげるのか、そこが課題になりますね。

志位　安倍首相は、昨年5月3日につづいて、12月19日、「(オリンピックの開催年)2020年、日本が大きく生まれ変わる年にするきっかけにしたい」などと、事実上、期限を区切って改憲をすすめる発言を行いました。改憲という〝こぶし〟をふり上げている状態で、もしこの〝こぶし〟を下ろせないと、安倍内閣が退場しないといけなくなるところに、自分で自分を追い込んでいる状態でもある。

自民党の「憲法改正推進本部」は、9条2項(戦力不保持)を残して自衛隊を明記する安倍首相の案と、「国防軍」創設を盛り込んだ党改憲草案をベースに2項を削除する案を、両論併記の形で出しています。仮に2項を残したとしても、「後から作った法律が前の法律に優先する」という法の一般原則からいって、2項の空文化=死文化に道が開かれます。2項削除案と両論併記ですが、どちらにせよ2項をなきものにしようというところに彼らの主眼があります。海外での無制限の武力行使に道を開くということの本質を、どれだけ広く国民に伝えきれるかどうかが勝負ですね。

安倍政権は、「できれば今年の通常国会で発議したい、遅くとも臨時国会で発議」というスケジュール感だと思います。ですから今年前半のたたかいがとても大事になります。「3000万署名」をやりぬくために党としても総力をあげたい。立場の違いを超えた協力・連携・共同を全国に網の目のようにつくっていかないとできない目標です。今年の最大のたたかいとしてがんばりたいと思います。

石川　自民党の改憲案の危険性は、いろんな角度から明らかにしていく必要があると思います。９条改憲の最大の原動力がアメリカからの要請というのはそのとおりですが、同時に、安倍政権はそこに「靖国」派的思想を深く絡みつかせ、戦前回帰型の社会を作ろうとしています。３０００万という大きな市民の合意をつくる上で「右翼は嫌だ」という保守の人との連帯は不可欠ですから、安倍政権の右翼的性格はもっと強く指摘していいのではないでしょうか。

志位　その通りだと思います。20人の閣僚のうち公明党所属の1人を除き19人全員が、「靖国」派の団体に加盟歴のある政治家という政権ですから。

石川　「神道政治連盟」の綱領の第1項は「神道の精神を以《も》って、日本国国政の基礎を確立せんことを期す」ですからね。

志位　否定されたはずの国家神道ですね。（首相は）ポツダム宣言も「つまびらかに」読んでいないし。（笑い）

石川　反省がありません。こうした歴史認識にかかわる危険性というのは、重要な攻めどころの一つだと思います。

志位　「過去の侵略戦争は正しかった」という、歴史逆行の勢力が憲法を変えて海外の戦争にのりだす。こんな物騒な話はありません。

それから、そもそも安倍首相に憲法改定をもちだす〝資格〟があるのかという問題もあります。安倍政権は、秘密保護法、安保法制＝戦争法、共謀罪と、憲法違反の法律を次つぎと量産し、立憲主義を壊してきた。そんな人に憲法を変える〝資格〟はありません。いま求められているのは憲法を変えることではなく、憲法をないがしろにする政治を変えることにある。このことも大いに訴えていきたい。

「安倍9条改憲阻止」は市民と野党の政策合意の第1項目ですから、ここは野党が一致結束してやらなくてはいけません。どれだけたたかいが起こせるかは、次の選挙での協力関係にもつながると思います。

絶対に負けられない沖縄のたたかい

日常的に命が脅かされている状態をそのままにしていいのか

石川　**志位**

志位　憲法と並んで絶対に負けられないのが、沖縄のたたかいです。この間の動きにかかわって、二つほど言いたいことがあります。

一つは、沖縄県民にとって基地問題は、「命と安全」という最低限の条件が踏みにじられている状況で、不安と怒りが限界点を超えているということです。

一昨年の米軍機オスプレイの墜落事故。昨年の米軍ヘリ炎上・大破事故。米軍ヘリからの落下物が、保育園や小学校に落ちた事故。どれも沖縄県民の「命と安全」を深刻に脅かす事件です。しかも、米軍機が事故を起こしても、日本の警察や海上保安庁がまともな捜査もできない。日米地位協定の壁が立ちはだかっています。さらに、事故同型機がすぐに飛行を始める。日本政府は米軍の言い分をうのみにして容認してしまう。およそ独立国とはいえない屈辱的な状態をこのまま続けていいのか。本土と沖縄が一体となったたたかいを進める必要があると思います。

いま一つは、辺野古《へのこ》米軍基地は、翁長雄志《おながたけし》県知事と稲嶺《いなみね》ススム名護市長――「オール沖縄」の勢力が県知事と名護市長でがんばっている限り絶対につくれないということです。基地をつくろうとすれば、さまざまな問題が出てきて、政府は、設計変更申請が迫られることになります。それに対して、県と市の許可が出なければ工事はできません。「オール沖縄」の勢力が、2月の名護市長選挙、11月の沖縄県知事選挙で勝てば、政府がどんなにあがこうと基地はつくれないのです。ここに確信をもって、選挙で絶対に勝ち抜くことが大切です。沖縄の命運がかかったたたかいです。党としても全力投球で勝利のためにあらゆる力をそそぎたいと決意しています。

石川　学生といろいろ話をしていると、軍用機が墜落したという話はピンとこないところがあるようです。想像の範囲を超えているのでしょうね。しかし、保育園にものが落ちた、小学校にものが落ちたこととなると話は変わってきます。自分の町の小学校に、7・7キロのものが空から落ちてきたらと、そこはリアルに考えられますからね。

子どもたちが走り回っている校庭の真上を大きな米軍機が低空で飛んでいる。そんな写真などを見せると、学生たちはぎょっとしています。日常的に命が脅かされているという問題がある。子どもたちをその危険にさらしたままでいいのかと、問題の深刻さが胸に落ちるところがあるようです。

志位　沖縄では戦後、米兵による少女暴行殺害事件、小学校にジェット機が墜落して多くの子どもたちが亡くなった事件、米軍機から落下傘で降下されたトレーラーに少女が押しつぶされて亡くなった事件、米兵による少女暴行事件など、沖縄県民の心に共通の痛みとなって累積している痛ましい事件が続いてきました。その積み重ねのうえに今回の事故があるということを、私たちは知らなくてはいけない。沖縄の痛みを日本国民全体の問題とし、しっかりと行動できるかどうか、政党の真価が試されます。

憲法と沖縄――この二つはどんなことがあっても負けられないたたかいです。

石川　財界による政治買収で「国民に痛み」をおしつける
志位　安倍政権の経済政策は、何もかも説明がつかない政策破綻におちいっている

石川　暮らしと経済をめぐっては、「アベノミクス」の大破綻《はたん》という問題があります。「アベノミクス」というのは、何か経済学の体系的な裏付けがあるものではなく、財界が求める政策の丸のみでしかありません。民主党政権時代には、財界は政権とどういう距離をとるかで慎重な姿勢を見せましたが、12年の末に安倍政権ができるとただちに強力な

働きかけを開始します。「国民にとって痛みを伴うような厳しい改革を推進しなければならない」といきなり述べて、政府の経済運営の司令塔に財界人を入れろとあらためて求め、それらを実行させるために政治献金も出すと露骨によびかけました。

日本経団連が「意見書」という名の政策文書を政府に渡し、あわせて政権党に金を渡す。これは財界が政府を恒常的に買収しているということですね。買収される側からすれば、たくさん献金してくれる大企業には優しい政治、金を持ってこない貧乏な市民には厳しい政治となるわけです。こんな政治を正当化する屁《へ》理屈が「トリクルダウン」です。大企業が潤えば、いまに下々もなんとかなる。だからまずは大企業を応援しよう、という屁理屈です。

そんな具合ですから、格差や貧困を広げる安倍政権の個々の政策とともに、企業・団体献金によって政治の買収が合法化されているという日本の政治の構造的な問題も強く批判していく必要がありますね。

志位　いま言われたように、自民党が政権復帰して以降、財界は言いたい放題の要求を突き付けてきました。社会保障の切り捨ても、財界が作った青写真があり、その通りに強行されてきました。

総選挙の翌日に経団連の榊原会長が「自民党が安定多数をとった以上は、国民に痛みを伴う改革を断行せよ」と言い、「社会保障改革」をやれ、「予定通り消費増税」をやれと迫りました。

来年度政府予算案を見ると、社会保障では生活保護切り下げが一つの焦点になっています。政府は、生活保護を一般貧困世帯に合わせて引き下げると言いますが、私は、これほど矛盾に満ちた政策はないと思います。「合わせる」というなら一般貧困世帯の支援こそすべきではないか。だいたい、安倍首相は、「安倍政権で貧困は改善した」と自慢していましたが、一般貧困世帯に合わせて引き下げるというのは、安倍政権のもとで貧困が深刻化していること――自分の政策の破綻を自ら認めるものではないか。安倍政権の経済政策は、やっていることが何もかも説明つかなくなっています。

石川　子どもの貧困は学生も強い関心を持っている問題です。最近ユネスコから「日本の子どもが大変だ」という指摘がありましたが、市民が「子ども食堂」を広げずにおれない現実がある。大阪では、シングルマザー――シンママさんと言いますが――の生活を支えるために、食べ物を定期的に届ける取り組みが行われています。政治的な主義や主張を超えて、お互い励まし合いながら何とか生きていこうという運動が出てこざるをえないぐらい社会が疲弊させられています。そうした現実に、安倍政権は自己責任と家族責任と地域責任で何とかしろと、自分は何の痛みも感じないという態度です。人間に対する愛情がどこにもない、実に残酷な政治だと思います。

志位　本当に愛情の一かけらも感じません。富裕層がますます豊かになる一方で、貧困層が深刻になっている。さらに中間層が疲弊しています。とくに年収500万円から1000万円くらいの層が減少し、やせ細ってきている。今こそ「99%の連帯」が必要ですね。「8時間働けばふつうに暮らせる社会」――そういう「ルールある経済社会」への転換が求められていると切に思います。

石川　未来社会は、いまの資本主義社会と「地続き」のところにある

志位　日本共産党の最大の魅力――未来社会論を大いに語っていきたい

志位　資本主義という体制に対して批判が強まっています。

最近、印象深かったのは、ハーバード大学の調査です。資本主義を支持するかどうかを聞いたところ、18歳から29歳で51％が「不支持」と答えています。社会主義に対しては33％が「支持」と答えている。

もう一つ、別の調査ですが、米国のミレニアル世代（2000年代に成人・社会人になった世代）に、どういうタイプの社会が望ましいかと質問したのに対して、44％が社会主義国、42％が資本主義国と選択しています。

それから、イギリスの総選挙後の調査で、「全面的な社会主義政府が実現したとしたらイギリスはどうなるか」という設問に対して、43％が「より生活しやすくなる」と答え、「生活しにくくなる」と答えた人は36％でした。

資本主義の本家本元のイギリスと最大の資本主義国のアメリカで、資本主義批判が広がっているのはたいへん興味深いデータです。

石川　日本ではそういうデータは見たことがないですね。アメリカでバーニー・サンダースが掲げた民主的社会主義は、北欧型の社会のことでした。

志位　おそらく、新自由主義による社会保障の削減とか、富裕層や大企業への減税とか、格差と貧困の拡大などを、資本主義の害悪と感じており、その転換を求めるという流れが調査結果に表れているのではないかと思います。

石川　資本主義とは何かを学生に話す時には、労使関係の解説を入り口にしています。そして就職というのは直接、その関係の中に入っていくことなんだよと。ところがそこには大量の「ブラック企業」がまっている。そこで、どうしてこんなに「ブラック企業」が生まれるのかという話になり、資本主義の経済は、個々の企業が金もうけを原動力に動くことが基本になっているという話にすすみます。

学生たちには、それをどう是正するかという話は、自分の生活に密着した目前の切実な問題となりますが、そういう問題を生み出す根本の仕組みを変えるというところには、なかなか想像が及ばないようです。そこで未来社会を論ずるときには、それがいまの資本主義社会と「地続き」のところにある社会だということの強調が大切だと思っています。

志位　そうですね。

石川　いまある資本主義社会が抱えている諸問題を一つ一つ解決していった先に、誰もに共通に見えてくる、よりましな社会ということですね。そのためには未来社会そのものを論ずるだけでなく、資本主義の限界がどこにあるかを論ずることが大切です。私がこういう主義を持っているからこういう社会をめざすんだという議論ではなく、現にある問題を解決していったら社会はこういう方向に発展するしかないでしょと、日本社会の発展についての学問的な見通しの問題として未来社会論を提起するというやり方です。

志位　まったく同感です。いま世界を見渡しますと、資本主義の矛盾がさまざまな形で噴き出しています。世界的な規模で格差と貧困が拡大しています。「リーマン・ショック」の記憶が生々しいですが恐慌・不況が繰り返される。投機マネーが膨れ上がって暴れまわっている。これらの矛盾は、資本主義のもとでは絶対に解決できません。

ＯＥＣＤ（経済協力開発機構）が、「大半のＯＥＣＤ諸国では、過去30年で富裕層と貧困層の格差が最大になった」という報告書を出しました。ＯＥＣＤ諸国――発達した資本主義国のなかには、私たちがめざす「ルールある経済社会」に近い国ぐにもあります。しかし、そういう国ぐにを含めて、ほぼ例外なく格差は拡大する傾向にあるのです。格差と貧困は、資本主義に固有のものであり、それを一定程度緩和することはできても、資本主義のもとでは絶対に解決することができません。それで良いんですかという問いかけが必要だと思いますね。

石川　資本主義の枠の中で解決できる問題は、もちろんただちに解決しなければならないけれど、同時に資本主義では解決のつかない問題もあるのではないでしょうか、その問題の解決も視野に含めて議論しましょうという呼びかけが必要です。それによって、私は社会主義・共産主義はいやですよという人たちとも、同じ土俵の上で未来の社会を探っていくことができるように思います。今と切り離されたところにある未来社会ではなく、今とつながったところにある未来を探求しましょうということです。

志位　そうですね。それが一番自然な語り方のように思います。同時に、いまの資本主義社会と「地続き」のところにある未来社会という点では、未来社会の特質そのものからストレートに語ることもできると思います。

昨年の4月に民青同盟のみなさんの取り組みで、「日本共産党綱領セミナー」の講師をつとめました。12月には民青同盟の大会にも行って、あいさつをする機会がありました。未来社会についてもいろいろな角度からお話ししたのですが、若いみなさんから強く反応が出てきたのは次のような点でした。

一つは、「すべての人間の自由で全面的な発展」――これが未来社会の一番の特質であり、マルクスがその最大の

民青同盟第41回大会であいさつする志位和夫委員長＝2017年12月9日、静岡県内

保障を労働時間の抜本的短縮に求めたということです。社会主義・共産主義社会にすすんで、たとえば労働時間が日に2時間、3時間と短くなったら、すべての人に自由な時間が保障され、その潜在的な能力をのびのびと自由に発展させることができるようになる。これが社会全体の素晴らしい発展の力になり、さらにまた労働時間の短縮につながるという好循環が生まれてくる。こういう話をすると、若いみなさんが、いま長時間過密労働や「ブラック企業」で苦しんでいる。何とか現実を変えようとたたかっている。未来社会は、決して遠い先の話でなく、いまのたたかいと「地続き」でつながっていることが分かったとなります。

もう一つは、未来社会では、生産手段の社会化によって、生産の目的を「利潤第一主義」から「社会と人間の発展」に変えることによって、資本主義につきものの浪費が一掃されるということです。私が、「綱領セミナー」で紹介したマルクスの『資本論』の次の一節には、とても強い反応が寄せられました。

「資本主義的生産は、他のどの生産様式よりもずっとはなはだしく、人間、生きた労働の浪費者であり、血と肉の浪費者であるだけでなく、脳髄と神経の浪費者でもある」

まさに現代日本資本主義に対する痛烈な批判です。「人間材料の浪費」というマルクスの言葉について、「私たちのことを言っている」という感想がたくさん寄せられました。こうした浪費が一掃される。こういう角度から、未来社会の問題は、遠い先の話ではなくて、いまのたたかいと「地続き」でつながっていると話すことも、大切だと思います。

石川　まだ未来社会までは、だいぶ時間がありますから（笑い）、いろんな角度からゆっくり議論していきましょう。（笑い）

今年2018年はマルクス生誕200年だということで、多くの人がいろんな形でマルクスに改めて関心を持つ機会があるかと思います。若い学者たちは、以前のような政治的なレッテル貼りからかなり自由に、マルクスを語ることができるようになってきていま す。この1年ほど『資本論』第1部を若い人たちと読みましたが、彼らの変化を見ていて『資本論』は力のある本だとあらためて感じさせられました。

志位　マルクスを知らない人も、マルクスの理論が世界に多大な影響を与えてきたことを否定するわけにはいきません。共産党が共産党である理由は、資本主義で人類の歴史はおしまいではない、その先をめざそうというところにあるわけですし、未来社会論にこそ日本共産党の最大の魅力があります。そこを堂々と語ってこそ、私たちの姿を丸ごと理解していただけると思います。今年は、そういう活動にも大いに取り組みたいと考えています。

石川　期待しています。本日は、ありがとうございました。

志位　ありがとうございました。

（「しんぶん赤旗」2018年1月1日付）

9784530016700

1920031003704

定価400円（本体370円＋税）

ISBN978-4-530-01670-0

C0031 ¥370E

文献パンフ

新しい時代開く党の力つける年に

志位和夫委員長の党旗びらきあいさつ

浜矩子さんと志位委員長の新春痛快対談

石川康宏さんと志位委員長の新春対談

2018
〒15
Tel
振替
印刷
ご
メ

2024
日本・世界・未来社会を
語る

志位和夫

- 2024年党旗びらきでのあいさつ
- 東南アジア3カ国訪問 新春緊急報告
- 東アジアの平和構築をめざして ベトナムでの講演
- 社会主義・共産主義の魅力 若者と語る

日本共産党中央委員会出版局